¡Las princesas disfrutan de las estaciones!

45 DIBUJOS

ILUSTRACIONES DE CHARLOTTE MENDES

ARTE-
TERAPIA

dibujos antiestrés

hachette
HEROES

ÍNTRODUCCIÓN

Bienvenido a un universo donde la magia de
las princesas de Disney se mezcla con el brillo
efímero de las estaciones. Sigue a Bella entre
las rosas primaverales; disfruta de un pícnic estival
con Aurora; recorre París junto a Tiana en otoño;
y descubre el resplandor del invierno con
Mérida y sus hermanos. Vuelve a encontrarte
con tus princesas favoritas y envuélvelas
en los mil tonos de las cuatro estaciones.
Usa tus lápices como varitas mágicas
y colorea cada página de
estos cuentos de hadas.

Edición francesa

© 2024, Hachette Livre (Hachette Pratique).
58, rue Jean Bleuzen – 92178 Vanves Cedex

Este libro se publicó por primera vez en Hachette Livre (Hachette Pratique) en 2024 con el título original de *Princesses à travers les saisons*.

Dirección: Catherine Saunier-Talec
Responsable editorial: Timothée Le Mière
Edición: Anaïs Guichard
Maquetación: Les Paoistes
Colorización de la cubierta: Charlotte Mélin
Producción: Grégory Morin

Edición española

Para la presente edición:
© Grupo Anaya, S. A., 2024
Valentín Beato, 21. 28037 Madrid

Dirección del proyecto editorial: Emmanuel Christien
Edición: Carmina Pérez Canet
Asistente editorial: Sonia Fonseca Bautista
Producción: Juan Antonio Barras
Realización editorial: Servei Gràfic NJR, SLU

ISBN: 978-84-19804-33-4
Depósito legal: M-33576-2023
Impreso en España

PAPEL DE FIBRA
CERTIFICADA